AF392470

Marina Maghetti

Poesie liquide

Poesie

EDIZIONI WE

ISBN 979-12-5497-160-4

©2024 Edizioni WE di Nicola Bergamaschi
Via Paulli 10/A – 26015 – Soresina (CR)

www.clickpertutti.com
www.edizioniwe.com
www.facebook.com/edizioniwe
www.instagram.com/edizioniwe
info@edizioniwe.com

A te che percorri le vie della bellezza,
lasciando che si manifesti nell'atto del suo darsi

Ai miei cari che mi supportano
e sostengono nel quotidiano

*Ognuno di noi è artista della propria vita:
che lo sappia o no, che lo voglia o no, che gli piaccia o no.*
(Zygmunt Bauman)

PRESENTAZIONE

Questo libro nasce da una domanda: "Ha ancora senso fare poesia in un'epoca come la nostra in cui predomina una comunicazione veloce, semplificata e un pensiero prevalentemente computazionale?". La risposta, caro lettore, è scontata, partendo dal presupposto che stai leggendo questo testo proprio adesso! La poesia non è certamente avulsa dal nostro contesto storico ma gode di un privilegio che la proietta fuori dal tempo: essa è libera portatrice di contenuti trasvalutati da un linguaggio metarazionale che mette insieme significato e significante, in cui il primo è in grado di trascendere il secondo, rendendo la parola viva, evocativa, feconda. La poesia naviga tra visibile e invisibile, è un ponte che poggia le sue basi nelle regole, trasgredendone però il loro fondamento ontologico, trasformando l'ovvietà percettiva in forme eterne di pura bellezza.

Sulla base di queste premesse, il libro si vuole strutturare come liquido, fruibile a più livelli, rendendolo permeabile al sentire e alla sensibilità personale. Ispirato al concetto di "**Modernità liquida**" con cui il sociologo Zygmunt Bauman esprime quella dinamicità e incertezza che caratterizzano la contemporaneità, secondo cui siamo passati da una modernità solida, scandita da tempi ben definiti e da regole, costruita su basi concrete, a una post-modernità liquida, fluida e dinamica, incerta, consumistica. Questi mutamenti e questa mancanza di concretezza e di certezze hanno messo in discussione non solo l'individuo ma l'intera società, i sentimenti, le relazioni, le opinioni e i desideri. Nonostante il senso di paura e smarrimento che questa lettura della società potrebbe generare nel lettore, ritengo utile accettarne le sfide, accogliendo l'opportunità che ogni epoca porta con sé. Ritengo infatti che la forza dell'opera di Bauman risieda proprio nel sollecitarci continuamente a essere curiosi, alla ricerca del mutamento, orientati a procacciarci gli strumenti per comprende di volta in volta noi stessi e di conseguenza interpretare il mondo circostante.

Ecco che la poesia, proprio perché intimamente fluida e affrancata da rigidi modelli culturali, diventa strumento di libera espressione di sé. Il libro vuole proporsi al servizio della libertà di pensiero di ciascuno, aprendo alla scelta dei possibili percorsi contenuti nel testo. Infatti, la poesia non struttura conoscenze ma favorisce lo sviluppo mentale, culturale e sociale della persona nella sua interezza. Prima di acquisire competenze credo sia fondamentale "imparare a imparare", ossia possedere uno spazio e un tempo per la riflessione, la speculazione, il confronto. Detto altrimenti, è importante abituare la mente a ragionare, sviluppare connessioni, acquisire schemi generali di apprendimento. L'applicazione della singola tecnica verrà poi da sé.

Ma quali sono i percorsi proposti da questo libro!?

1. Innanzitutto un primo livello consiste nella piacevolezza di leggere, gustare e meditare le poesie proposte, in un atto che sia puramente estetico e nutrente.

2. Un secondo livello potrebbe essere considerato più speculativo e psicologico, nella misura in cui le poesie sono divise in categorie che rimandano ai quattro elementi: acqua, terra, fuoco, aria. Gli elementi possono creare nuove connessioni di senso e portare il lettore nel loro ritmo, nella proposta di una visione della realtà che è relativa ad un sistema di riferimento, in questo caso quello degli elementi. Ci invita a destrutturare ogni rigidità paradigmatica e a combinare letture dei fatti e delle esperienze a partire dal nostro punto di vista che può essere emozionale, estetico, passionale, speculativo oppure può essere una miscellanea di tutti i precedenti. Questo tipo di lettura ci invita a giocare con tutte le nostre istanze interiori perché, come mi piace sempre ricordare, possedere un vestito per ogni occasione non è come averne solo uno; come a dire, poter conoscere tanti aspetti di se stessi e agirli non è la stessa cosa che autoconvincersi di essere sempre uguali a se stessi. Non siamo sempre solo razionali, responsabili o affidabili ma c'è spazio

anche all'espressione di sentimenti e grandi slanci o viceversa.

3. Un terzo livello invita il lettore a mettersi in gioco e a sperimentare la poesia nella pratica, dando voce, forma, alle nostre risorse più profonde, liberandole dal giogo dei preconcetti. Partiamo dal presupposto che possiamo concederci di parlare di tutto, non esistono tabù, frivolezze o censure. La misura e il modo li troveremo in corso d'opera, semplicemente facendo, concedendoci di "essere" ciò che siamo in quel momento. Gli spunti per iniziare il viaggio alla scoperta dei nostri tesori, li troverete nell'appendice di questo libro.

Non mi resta, caro lettore, che augurarti di scegliere il tuo personale modo di attingere a questo libro perché ti possa esserti di ispirazione e, come un fedele compagno di viaggio, ti aiuti a concederti di giocare con le parole, scoprendone però il loro potere catartico, evocativo e poietico (creativo). Mi piace infatti ricordare che la parola è esattamente l'atto creativo per eccellenza perché essa esiste solo nel momento in cui essa viene pronunciata dalla persona che ne è la sola creatrice. L'invito allora è quello di riscoprire il TUO potere personale, di creare te stesso e il tuo mondo!

ELEMENTI IN ME

Come può il cielo piangere tutte le mie lacrime?
Assiste silenzioso e paziente
come una madre che porge il seno
al lamento della propria creatura.

Come può il mare
contenere l'impeto che si infrange in me?
Mi osserva da lontano
come un padre segue il proprio figlio
non ancora autonomo.

Come può la terra
scaldarmi e consolarmi?
Mi avvolge come un nonno
che tende le sue mani nodose
a una creatura indifesa.

Come può l'aria
Liberare i miei desideri più lievi?
Mi lascia libera di volare
come una rondine fa con i propri piccoli.

Come fa il fuoco
a bruciare le mie paure?
Divampa nel coraggio di lasciarmi amare
Incondizionatamente.

POESIE D'ACQUA

Immaginate di immergervi nell'acqua: pura, cristallina, dal colore cangiante che riflette il fondale in cui essa si espande e con il quale si fonde. La prima sensazione percepita è di freschezza, leggerezza, impalpabilità, completa liberazione dal peso del corpo ancorato alla gravità, panica fusione con il tutto. Nessun punto di riferimento cui ancorarsi, solo pura EMOZIONE che si traduce in uno stato di benessere in coloro che le si danno e di terrore paralizzante in coloro che abitualmente esercitano controllo e rigore. L'elemento acqua dona capacità di accedere all'empatia, abbattendo i confini tra l'Io e il Tu: è fusionale, fluida e priva di coordinate spazio-temporali. Chi ne è segnato ha il potere di trasformare e di ripulire le scorie emotive, lasciando andare tossine di rabbia, odio, rancore, frustrazione e gelosia. L'acqua apre all'intelligenza emotiva, una predisposizione ad entrare nel flusso degli eventi lasciandosi trasportare senza opporre resistenza alcuna. Predispone alla cura e all'affidamento verso qualcosa di ignoto, di oltre, di sovrasensibile, che risuona nelle nostre profondità dirigendole verso un Bene superiore. Questo elemento necessita, come quando vi si immerge, di entrarvi in sintonia astenendosi da ogni forma di giudizio, perché la sua maestosità può manifestare equilibrio e pace, quanto rabbia e ferocia, come un mare che da calmo diventa burrascoso. Le parole chiave sono: FLUIDITÀ, SENSIBILITÀ, ACUTEZZA PERCETTIVA, EMOZIONE, perché essa ti trasformerà senza che tu faccia nessuno sforzo mentale, sottilmente, inesorabilmente...

Questa è la mia acqua, che sia irrequieta o meditativa essa si muove in me al ritmo del mio sentire...

SENTIRE

C'è un silenzio antico in me
attraversa marosi, bufere, tempeste.

C'è un silenzio antico
che sibila in me.
non dirige ma accompagna
non invade ma pervade.

C'è sempre un silenzio nella tempesta
nella sublime finitudine
che incontra l'infinito.

Tu lo senti?

ABISSI

Capita di scendere
in abissi di infinito amore
attimi brevi
istantanee di corporee espansioni
inebriate da un fervido guizzo dell'anima
che vibra all'unisono
tra luce e carne.

NOI RAGAZZE DAGLI OCCHI GRANDI

Noi ragazze dagli occhi grandi
ci manifestiamo nello spazio
attraverso sorgenti di pura luce.

Noi ragazze dagli occhi grandi
navighiamo negli abissi del tempo
senza mai smarrire la nostra essenza.

Noi ragazze dagli occhi grandi siamo l'illusione dello
spazio e del tempo
che svanisce proprio quando tu, distratto e confuso
hai l'ardire di inabissarti nei nostri grandi occhi.

LUNA

La luna si adagia
sui rami del bosco
sigillo di silenzi trattenuti, sospirati, desiderati.

Signora di sagomate ombre che la servono
mi confondi, vestita di cangianti veli
profumati di purezza.

Non parli, non ridi, non piangi
sei l'astro dei miei sogni
illusione di confini mai definiti
ipnotica odalisca
intrattieni i moti dell'anima mia
nel sospirar della notte
al sospirar dell'amato mio
del Vero Vivere.

LA NOTTE DELL'ANIMA

È quando cala in me
la veste della notte
che inizia a scorrermi nelle vene un gelido fluido
che mi contrae l'anima
annientando ogni mio ardire.

Sto ferma
immobile sento la lenta agonia affiorare dalle membra
senza pietà.

Osservo la qualità del momento
perché potente è la chiamata
che mi Ama facendosi presenza.

SIMPOSIO DI ANIME

Simposio di stelle
argentee fiammelle di sferica vacuità
infinite dondolano tra il finito e l'infinito
tra cielo e terra
sospese si mascherano di ogni tuo desiderio
astute riflettono ogni tacito sussulto
dell'anima mia.

INTENTO

C'è un fondo
un punto zero
sospeso tra spazio e tempo
un battere di ciglia
l'intervallo che fa seguire un'onda all'altra
il respiro del tempo e il pulsare del cuore
un punto in cui muori e rinasci.

La quiete sopraggiunge dopo la tempesta
la luce sottrae i segreti alle tenebre
e chiaro diventa il nostro intento:
semplice, fluido, necessitato, puro
la fonte della vita eterna.

MASCHERE

Abbandono le maschere del tempo e mi avvicino a te
a te che sei quieta presenza di pensieri e parole
o travolgente procella d'inverno
sei figlio dei tuoi tempi
segnato dal tuo tempo.

OMBRE

Non trovo un senso nei miei abissi
eppure mi ci devo immergere
nel volgere di un istante
mi ci trovo nella sconfinata solitudine dell'Essere
che vorrebbe l'apparente divenire.
Forse posso farlo!

E TU?!!

**Sei pronto a sperimentare questo elemento
sentendolo e traducendolo
in parole, colori e immagini?!**

QUESTE PAGINE SONO PER TE...

i miei appunti

____

____

____

____

____

____

____

____

____

____

____

le mie immagini e miei colori...

- 22 -

il mio pentagramma…

POESIE DI TERRA

Immaginate ora di radicarvi nella terra, come se le vostre gambe e piedi affondassero in questo elemento. Avremmo subito una sensazione di contenimento entro dei confini delimitati, un senso di solidità, di gravità che ci condurrà verso il centro della Terra. Indirizziamo ora il nostro sguardo verso la natura: noteremo quanto essa non possa prescindere dall'alternanza dei ritmi lenti e graduati, di veri e propri cicli, come quelli delle stagioni, che si alternano e si susseguono. Questo elemento ci fornisce il nutrimento attraverso il lavoro e lo sforzo dell'uomo che ne strappa i frutti alla natura, oppure grazie ad uno spontaneo processo di nascita, crescita e morte. Chi è segnato dalla terra ha il potere della sistematicità, dell'affidabilità, della stabilità e dell'accuratezza, caratteristiche funzionali al mantenimento della ritualità e sacralità dei cicli che scandiscono la vita di ciascuno. La terra fornisce un sicuro riparo, punti di riferimento, sicurezze materiali e ancoraggio ai valori. Come una pianticella, chi si sente compenetrato da questo elemento cresce e si trasforma stando nel ritmo rassicurante della quotidianità, dei piccoli doni che si traducono in gesti concreti, tangibili, solidali. La terra spinge a riconoscersi e radicarsi nelle proprie radici che possono essere anche molto antiche. Le parole chiave sono: LENTEZZA, SOLIDITÀ, RI-FLESSIONE, CICLICITÀ perché essa ti sosterrà, come un albero ancorato alle sue profonde radici, qualsiasi cosa possa accadere nella tua vita…

Questa è la mia terra, che sia resistenza o devozione, essa si muove in me al ritmo del mio agire…

STELLE

Ridono le stelle
nel gemito bagliore
della notte tempestosa
nell'attesa di un quieto ristoro
nella culla dei tuoi occhi
intrisi di polvere di luce.

TRA CIELO E TERRA

Plumbee stalattiti
si contendono spazi distesi di blu cobalto
nelle pieghe del cielo
che inebriato penetra nel grembo
degli spumeggianti e ribelli flutti
orchestrati dall'inespugnabile maestrale.

A tratti mi riconosco creatore di
questo sublime amplesso
tra cielo e terra.

TERRA

Nel vento
minuscoli germogli di pioggia
lambiscono il giovane ventre
distrattamente disadorno ai più.

SPERANZA

Tra le fronde spinose
del tenace sentire
si getta un minuscolo semino
di pura luce.

ABBONDANZA

È nella privazione
che nasce la possibilità dell'abbondanza
e della consapevolezza.

Non c'è bianco senza nero
e non c'è pieno senza vuoto.

L'essere madre non è un dono in sé
ma la possibilità di esserlo
nelle sue molteplici sfaccettature
e nel sapiente gioco di luci e ombre
che ti connette al tuo centro
al cuore
e a ciò che non avrà mai parole adeguate
che lo possano esprimere.

FIORI

Intonaco del divino discernimento
il vostro involucro è icona vibrante di ispirate memorie
di antichi profumi che pungono i sensi
e trafiggono l'anima.

Colori, voluttà
conturbanti fragranze
si perdono in un eterno divenire
abiti mossi dal vento
gentili manifestano la loro delicata presenza.

NOTTE DI SAN LORENZO

Sanguina di lacrime di perle
il manto imbrunito della notte
nella solitaria distesa erbosa
intermittente risuona il frinire di un armonico canto
di frammentata sacralità
ritmo inviolato dell'implacabile danza
tra macrocosmo e microcosmo.

SEGRETI

Antro oscuro di piogge e venti
al sospiro della notte
una lama d'argento ne trafigge i moti
in quieta stellata sul mare in bonaccia.

DONNA

Occhi di fata
inondano di bellezza
le manifestazioni sensibili del cosmo.

Nelle tue vene scorrono latte, sangue e veleno
che solo tu puoi e sai mescere
distillando la tua unicità.

Intimamente Incantatrice, Strega, Madre e Vergine
nella spirale del ventre fecondo dell'anima
lo sei nel sussurro di un istante
nello scorrere percepito del tempo
o nell'eternità del sacro gesto.

Incantatrice percorri i sentieri incerti e fluttuanti
delle emozioni

Strega ti immergi nel buio della notte
per ritrovare la luce dell'antica veggenza

Madre fai spazio alla vita e all'abbondanza
dei tuoi pensieri
che germogliano dalle tue mani accoglienti

Vergine ti muovi nel mondo con leggerezza
ma con la determinazione di una divina cacciatrice.

Tutto si muove in te Donna
ma niente muore veramente dentro di te
se saprai con coraggio amare e sostenere
l'Incantatrice, la Strega, la Madre, la Vergine
che dimorano eterne nel tuo sacro Tempio.

E TU?!!

**Sei pronto a sperimentare questo elemento
sentendolo e traducendolo
in parole, colori e immagini?!**

QUESTE PAGINE SONO PER TE...

i miei appunti

le mie immagini e miei colori...

- 42 -

il mio pentagramma...

POESIE D'ARIA

Immaginate di entrare in contatto con l'aria. Essa è impalpabile, non si vede, non si tocca, si respira solamente, è un sottile afflato di vita che permette la nostra sopravvivenza. Essa c'è ma non si vede! In una giornata accarezzata dalla brezza avremo la sensazione di sentirci vivi, percepiremo la sensazione di espandere i nostri polmoni al ritmo del respiro che, inspirando ossigeno ed espellendo anidride carbonica, rigenera ogni singola cellula del nostro corpo. L'elemento aria ci fa così vibrare, senza nulla trattenere, all'unisono con il cielo e con la terra. Viceversa, se ci pensiamo in un ambiente chiuso, insalubre, l'aria ristagnerà, lasciando il posto a sensazioni di soffocamento ed oppressione al petto. Essa è quindi preposta allo scambio, legata alla comunicazione, alla leggerezza, al puro gioco dialogico e dialettico. Chi è segnato da questo elemento amerà la comunicazione, giocare con le parole che affioreranno da una mente vivida, progettuale ma instabile, poco propensa a dare e mantenere forme cristallizzate. Naturalmente catalizzatrice di idee innovative e originali, predispone fortemente alla mediazione, riconoscendo le ragioni di entrambe le parti. L'aria richiede un contesto sociale stimolante, mobile, leggero, piacevole e mondano. Essa ci porta a riscoprire la nostra curiosità, a rincorrere la nostra libertà e, soprattutto, autenticità. Le parole chiave sono: ORIGINALITÀ, LEGGEREZZA, COMUNICAZIONE, CURIOSITÀ perché essa ti accompagnerà nella bellezza dello scambio reciproco per il puro piacere di farlo.

Questa è la mia aria, che sia pungente o originale, essa si muove in me al ritmo del mio esistere come libera pensatrice...

SINCERITÀ

C'è sempre una profonda
inespressa sincerità
che traspare dai tuoi occhi…
cercala, se puoi.

NOI

Fare spazio fa maledettamente paura
manifesta il fare dell'anima
nel suo potenziale divenire.

Fare spazio ad un essere vivente
fa maledettamente paura
manifesta le fragilità sussurrate e nascoste
nell'inevitabile dispiegarsi degli eventi.

Fare spazio ad un uomo fa maledettamente paura
costringe a definire i tuoi confini per poi abbatterli.

Fare spazio alla vita fa maledettamente paura
richiede il coraggio di gesti gratuiti
nei quali talvolta non riconosci un tuo utile.

Ma è solo dopo aver imparato a fare spazio
che puoi percepire il vuoto che si apre
tra te e l'apparente altro da te.

Solo in quell'istante
si disvela il senso nascosto di quei gesti quotidiani
agiti senza pretese
che però hanno reso l'altro da te
parte di te
in una relazione unica e irripetibile.

LEGGEREZZA DELL'ESSERE

Pecorelle di zucchero filato
felici saltellano nell'azzurro prato
incaute si rincorrono sospinte da un vento gentile
beate sorridono lassù a noi che siamo quaggiù.

Si fermano un momento
per ingannare il tempo
ma ecco che ad un tratto cambian forma e…
detto, fatto!

Vedo dunque forme strane
vedo lupi
aquiloni
e forse fate.
Mi perdo lassù
tra boschi di luce
e laghi incantati.

Non vengo più giù
mi dico decisa
in quei luoghi dove il tempo mi fa sentire indecisa.

Ma ahimè, che danno!
Col naso all'insù
sono cascata di nuovo quaggiù
sulla terra di asfalto e di fresco cemento.

Affondo un po' giù
sospiro guardando un po' su
e non ci penso più.

Ma poi ci ripenso…
Forse non c'è il giù
forse non c'è il su
ma se osservi bene ci sei solo TU.

COMPLICITÀ

Occhi di fate incantano di bellezza
i giorni spensierati
mano nella mano
ci concediamo i profumi autunnali.

MENTE IN ME

L'incantesimo è il regista delle tue ombre
un burattinaio che mette in scena
impasti di lacrime e gioia
destinati a consumarsi
al calare del sipario.

L'ILLUSIONE DELLA SPERANZA

La speranza diventa attesa e dolore
il pensiero aggrovigliato si ripiega su se stesso
orientando il tuo stato di coscienza,
il tuo kamaloka, le tue catene.

Entrare nel buio, nel dolore, nella perdita
ci costringe al silenzio dell'anima
parole forgiate dall'eterno Sé
creatrici di senso
sintesi di forma e contenuto.

INCONTRI

Spazio di luce diamantina
accresce la quiete degli occhi
asseconda la trasparenza delle vesti
ondeggianti al cospetto degli zefiri solari.

Dallo sguardo ricolmo di fragili stelline cangianti
profumi di antiche memorie
accompagnano il mio incedere verso di te.

Tu, di nobile stirpe imbevuto
cingi il mio corpo di leggiadri pensieri
che si incastonano nei miei.

I TRAMONTI DELL'ANIMA

Innumerevoli tramonti
si accostano a silenzi sospesi
tra prati incolti di parole accennate
e di reiterate attese troppo concesse.

TEMPO

Tempo di noia
tempo di nostalgia
tempo di andare e di ritornare
tempo di sorprese e di ritrovate gioie.

Tempo del tutto e del niente
che a braccetto rincorre il domani
senza curarsi dell'inganno del tempo
illusione di un passato che anticipa un futuro
e di un futuro che commemora un passato.

Ma tu
tempo
ti prendi gioco del tuo creatore
che ancora non sa di essere senza Tempo.

E TU?!!

**Sei pronto a sperimentare questo elemento
sentendolo e traducendolo
in parole, colori e immagini?!**

QUESTE PAGINE SONO PER TE...

i miei appunti

le mie immagini e miei colori...

il mio pentagramma...

POESIE DI FUOCO

Immaginate ora di contattare il fuoco. Come prima cosa noteremo che esso attira immediatamente l'attenzione di chi vi si avvicina. Esso è magnetico e non è possibile non disporvisi nelle vicinanze e non rimanervi travolti e affascinati, pur stando alle dovute distanze per evitare di scottarsi. Il fuoco generosamente dispensa calore e genera meraviglia e stupore, solo a condizione che si vegli su di esso, senza perdere di vista la magnificenza della sua fiamma che necessita di essere continuamente alimentata. Chi è segnato da questo elemento sarà naturalmente e spontaneamente creativo, generoso, passionale, sincero e autocentrato: una sorta di sole la cui luce viene necessariamente irradiata e dispensata gratuitamente. L'esuberanza e la libera espressione di osare oltre le ristrettezze consuetudinarie apre a folgoranti intuizioni e visioni cinematografiche della vita. Il potere di trasmutazione del fuoco purifica, brucia ogni zavorra dell'anima riportandoci in un eterno stato di permanenza dell'essere. Esso crea ex novo generando forme e immagini suggestive. Il fuoco necessita della continua conoscenza di sé, al diventare maestri di se stessi per evitare l'impazienza, la noia, la mancanza di modestia e di autocritica che ne limite-

rebbero i potenziali. Le parole chiave sono: CREATI-
VITÀ, ESPRESSIVITÀ, GENEROSITÀ, CORAG-
GIO, perché esso ti spingerà oltre i tuoi limiti, oltre le
tue paure, oltre tutto, per riconoscere te stesso e la tua
verità…

**Questa è il mio fuoco, che sia passionale o ingenuo,
esso si muove in me al ritmo del mio creare…**

IL CORAGGIO IN NEGATIVA

Grazie,
per ogni negato slancio del cuore.

Grazie,
per ogni tentativo puerile
di camuffare l'imbarazzo di giustificare
l'inevitabile distanza.

Grazie,
per ogni mancato gesto o parola
oltre il confine.

Grazie,
per la reiterata rappresentazione
di una subdola sudditanza
agli spettri della mente.

Grazie,
per la pavida inerzia
nell'accogliere il nuovo.

Sì, grazie
perché mi hai insegnato il coraggio
proprio quel coraggio
che tu non hai avuto
e che troppo spesso io ho tradito.

LEI

Lei,
corpo di dolce panna
tra costellazioni di voluttuose praline ambrate
sotto due gentili bignè
si apre una colata di sinuoso croccante cioccolatoso
che morbido si espande tra le fiorite valli.

E poi c'è lei
architrave della sontuosa geometria che la sovrasta
trionfo di scioglievole *Pan di Spagna*
imbevuto di coppe di champagne.

Non le resta che offrirsi
al goloso taglio.

RINASCITA

Hai mai sentito la fame dell'anima?
Quella che pervade le ossa, i muscoli, i tendini
e tiranna cinge di spine
il sudario di corpi impotenti e immobili?

Gole arse da nodi di inquietudine
che strozzano parole e singhiozzi.

Hai mai sentito la fame dell'amore mancato?
Lei controlla la bellezza trattenuta
la spontaneità incompresa
che tutto vorrebbe divorare
ma nulla sfiora.

E poi accade che quando ti accomodi
alla tavola della vita
senti arrivare ondate di profumato vento
spruzzi di salini flutti
e terra intrisa di preziose spezie
che trafiggono il tuo cuore di ondate d'amore.

VIANDANTE

Io sono un passeggero
lungo la via del tempo
tra sogni e sentimenti
magia e pentimenti
attraverso le correnti del karma
abito frammenti di vite.

IMPREVISTI

Minuscoli frammenti di vita
affiorando
inclinano il baricentro delle tue aspettative
e solcando le direttrici del tuo Essere
tracciano rotte ai più sconosciute.

INSIEME

Un giorno è per sempre
nel libero gioco del tempo
sacre lanterne di baci
tintinnanti avvolgono il mio respiro
che si muove nel tuo
come un'onda di mare avanza e arretra ritmicamente la
danza dei corpi
madidi di anima e passione
connubio perfetto di luci e ombre
a sfidare le reciproche paure.

CONTRASTI

Fui tutto e fui niente
fui racconti di primavera e tristi novene
fui mare e tempesta
fui lieve e maldestra
infuocata e contratta
fui attesa e abbandonata
fui donna e bambina
libera e prigioniera
fui il niente e fui il tutto
che soli esistono nel battito di un ciglio.

PASSIONE

Scivolami dentro
lentamente
travolgi il mio corpo di baci di lava
stringimi tra il tumulto
delle tue insostenibili maree di emozioni.

Lascia che io senta la tua divinità
perché possa riaccendere d'amore le mie dee sopite.

Lascia che ipnotici gli occhi danzino
con le nostre anime
che affondano negli abissi nettuniani
e nel piacere si arrendono alla sacra unione dei corpi.

SCUSE IN ESSERE

Mi scuso per essere quella che sono:
inopportuna, dilagante, insistente.
È l'inopportunità della spontaneità
il dilagare del cuore che si espande e contrae
è l'insistenza di chi vede una ferita
e la vorrebbe guarire.

Chiedo scusa se sono quella che sono
ma non ho più quell'ingenuità
di sottomettere l'intuitiva sapienza del mio cuore
e della mia anima.

Il respiro contiene e bilancia
questo meraviglioso impasto di disobbedienza
e abbondanza di doni.

Ma il suo soffio spiega le vele
adagiate nei porti
e ispira antichi marinai ad atti eroici.

SOFFERENZA

Soffrire è come morire
All'immagine di te dormiente
È la vertigine in un baratro di incomunicabili parole
arruffate.

Oltre la sofferenza
c'è però il silenzio
che colma ogni respinta incomprensione
e ti sussurra qualcosa di te.

E TU?!!

**Sei pronto a sperimentare questo elemento
sentendolo e traducendolo
in parole, colori e immagini?!**

QUESTE PAGINE SONO PER TE…

i miei appunti

le mie immagini e miei colori...

APPENDICE

Quest'appendice ti propone diversi spunti a partire dai quali puoi iniziare a sperimentare la tua produzione personale di poesie e, se lo vorrai, ti potrò accompagnare in questo percorso…

POESIE A PARTIRE DA APPUNTI
O PAGINE DI DIARIO

Capita di frequente di ritrovare vecchi appunti o pagine di diario in cui, senza troppi filtri, abbiamo riportato un'esperienza, raccontato un momento particolare della nostra vita oppure ci siamo appuntati dei buoni propositi. Tutto il materiale ritrovato o scritto al momento può essere un'ottima opportunità per rielaborare, a distanza di tempo oppure contestualmente, parti di noi lasciate in sospeso o che attendono di essere trasformate e integrate. L'idea è di assumere un punto di vista esterno, come se fossimo degli spettatori che osservano lo spettacolo che proprio noi stiamo mettendo in scena, con l'intento vivo di dargli un senso, proiettandolo fuori dal tempo.

L'esempio che vi voglio riportare è stato estrapolato da una mia pagina di diario scritto di getto diversi anni fa. Un periodo sicuramente difficile e buio in cui la scrittura mi ha aiutata a tradurre queste forti emozioni in fotogrammi che, a posteriori appaiono solo un frammento di un intero film, quello della mia vita. Ti senti così parte di quel momento ma non completamente identificato con esso, come un cielo che, attraversato da fenomeni meteorologici, comprende di essere sempre se stesso pur essendo accompagnato da quella pioggia o da quel sole.

Pagina di diario

"Sento che mi manca la fede, la speranza, la gioia autentica, l'entusiasmo; non riesco ad attingere al mio nucleo più profondo, alla mia creatività, alla mia autenticità...ho un desiderio pressante e incessante di perdermi in un abbraccio avvolgente, di sentirmi amata fisicamente, mentalmente, spiritualmente, di esistere attraverso l'altro. Desidero un attimo senza tempo ma non posso, non voglio trovarlo in lui. Non appartengo e non sono di nessuno, tantomeno sua.

Sento che il vuoto mi travolge e l'unico senso che mi è permesso dare all'esistenza è legato ai continui ritmi e cicli che mi immobilizzano in vecchi e stanchi schemi.

Ma cosa significa attingere alle proprie risorse?? Io lo trovo assurdo, quasi si trattasse di estrarre dell'acqua da un pozzo...i miei tempi, i miei limiti mi rallentano nel compito di cercare...e poi cosa!?? Il vivere è un lasciar scorrere il flusso ordinato degli eventi, accompagnandoli dolcemente e istintivamente o l'imprimere con decisione senso ad una materia informe??

Sono sospesa nel nulla, attendo che la giornata termini aspettando di mettere in scena quella successiva; non mi aspetto nulla di divertente, di nuovo o di tragico.

Mi sento molto sola, di una solitudine che definirei esistenziale ma anche triste, appesantita; forse sarebbe stato meglio se lo fossi stata realmente...avrei biso-

gno di un uomo che mi faccia ridere, giocare, amare liberamente perché la mente offusca e ingloba l'anima. Mi sono anche chiesta: "e se tutto ciò lo facessi da me??". Non so come si fa.

La mia instabilità d'umore mi crea grossi problemi; alterno momenti in cui ritengo di essere discretamente in armonia con persone e ambienti che mi circondano, ad altri in cui mi sembra che ci sia il vuoto, la distruzione e che io sia inesorabilmente sola, con tutti intorno a me che sono indaffarati a vivere, divertirsi, mentre io sono in uno stato di sofferenza non ben definibile; basterebbe l'attenzione di persone intense perché ritorni il sereno; è ovvio che tutto ciò è una chimera, una visione, un gioco perverso di cui non conosco le regole per uscirne. Sono momenti. Ci sono giorni in cui mi sembra di non vivere su questa Terra, la mente vaga per conto suo: costruisce, congettura, distrugge, si lagna, non sopporta nulla all'infuori di sé per poi ridestarsi, nel soffio di un istante, per mezzo di un elemento fenomenico; è in quel momento che insofferente mi occupo della seccatura di turno e mi calo nel ruolo richiestomi.

Forse il segreto è la SEMPLICITÀ; perché è così difficile accedervi? Un ritorno alle origini, ai pochi gesti pregni di senso, alla pienezza della parola, all'identità tra significato e significante.

Mi definisco una persona malinconica e profonda e me ne compiaccio; è forse inconciliabile con quanto appena affermato? No, forse l'incoerenza è apparente e richiede una visione di sintesi.

Desidero avvicinarmi a persone autentiche, che siano alla ricerca di ordini superiori o della loro verità, libere da sovrastrutture culturali opprimenti, ospitali e che non abbiano bisogno di dimostrare nulla a nessuno di ciò che hanno o sono; diversamente fatico a stabilire un contatto profondo e sincero. Credo che l'autenticità sia trascendentale ossia l'unica condizione di possibilità perché possa avvenire un reale cambiamento. Del resto anche la fede lo esige: il solo accostarsi alla liturgia richiede una conversione del cuore che ci pone in comunione con Cristo, IN Cristo.

Mi dico che forse per me non cambierà mai nulla, mi sento un ostaggio e la libertà diventa un obiettivo irraggiungibile.

Tuttavia ciò che mi spinge a perseverare nel mio intento è che sicuramente questo percorso di vita mi potrà arricchire come persona e che forse esiste una Provvidenza ed un progetto imperscrutabile più intelligente di me; tanto vale seguire il flusso della vita decidendo e valutando la situazione nel suo evolversi".

IO CERCO

Cerco luce e trovo tenebre
cerco amore e trovo indifferenza
cerco di capire e mi confondo
cerco la felicità e trovo inquietudine.
Ecco l'errore: "L'IO CERCO"
tortura del cogito
che annienta il flebile flusso vitale
iato che ci costringe alla cieca dialettica degli opposti
frammento temporale di illusioni passate e future
caleidoscopio di occulte disfunzioni emozioni.
La soluzione è il non averne alcuna
risiede nell'attesa priva di aspettative
nell'accogliere
nel lasciare che la vita sia
che si manifesti nelle sue più autentiche forme.

RIPERCORRIAMO I SETTENNI

Se vuoi sperimentare l'efficacia della poesia puoi concentrarti sui singoli settenni che nel corso del tempo e evolutivamente hanno accompagnato la tua crescita. Si tratta di ricostruire i momenti, gli eventi, le tracce emotive più salienti relative a ciascuna di queste fasi (da 0 a 7 anni, da 7 a 14 anni e così di seguito). Questo tipo di esperienza è molto interessante poiché permette di percepire quanto il tuo vissuto non sia disgiunto da ciò che sei adesso, ma potresti inaspettatamente trovare un filo rosso che lega il tuo percorso di vita all'emergere del tuo Daimon, del tuo progetto di vita che magari non ti appare ancora così chiaro. Questa pratica ti aiuterà anche a superare giudizi e pregiudizi rispetto alle tue vicende passate, spingendoti a comprendere che non esistono vittorie fallimenti o situazioni negative di per sé, ma esclusivamente esperienze che sono state funzionali alla tua crescita e che ti hanno permesso di attingere a nuove risorse che magari non avresti mai immaginato di possedere. La scrittura attraverso i settenni è un vero e proprio viaggio che potrà aprirti a nuove idee e a intuizioni che ti apriranno a nuovi livelli di conoscenza e di possibilità fino ad allora insostenibili.

Alcuni esempi di poesie tratte dalla mia biografia

0 – 7 ANNI

RICORDI

Emozioni rinate
nel vivido riflesso di fresche e tiepide giornate.
Una magica notte d'estate
a scandire il ritmo gioioso di piccoli esploratori
danzanti intorno a un fuoco.

*questa poesia nasce dal ricordo di un'infanzia felice,
libera, spensierata*

7 – 14 ANNI

L'ABBANDONO

Un riso forzato
argine di un inatteso destino
a segnare un doloroso distacco.

*questo settennio è per me stato caratterizzato da un
distacco doloroso: la morte della mia cara nonna alla
quale ero molto legata*

14 – 21 ANNI

L'AUTOILLUSIONE

Fiera e sognante
navigavo in abili chimere.
Incerta dell'avvenire
mi affacciavo all'ignoto divenire.

*sono anni di transizione, di illusione, di adesione a
modelli sociali in cui mi specchiavo*

21 – 28 ANNI

LA PROVA

Smarrita e dormiente
l'anima soggiace dimessa
fragile riflesso di giovane donna
trattenuta dalla morsa letale.
Lei (la malattia), dalle austere e gelide vesti
ridesta e risana l'antico fuoco sacro
di un alchemico sentire.

*settennio segnato da una dura prova: la malattia che
per me è stata un processo di morte e rinascita
determinante nel mio percorso di vita*

PRATICHE DI MEDITAZIONE
PROPEDEUTICHE ALLA POESIA

Premetto che ogni pratica che porta alla conoscenza di sé, all'abbattimento di un rigido giudizio castrante, con conseguenti ricadute sul proprio stato di benessere, è da me considerata meditativa. Le proposte sono molteplici: si va dalla mindfulness, al rebirthing, alle meditazioni guidate, a quelle yoga e molte altre. Sarà cura e sensibilità personale scegliere quelle che meglio risuonano in noi, concedendoci anche la gioia di sperimentarne diverse.

Di seguito riporto la mia esperienza con la pratica del Rebirthing, inizialmente razionalizzata e elaborata sotto forma di testimonianza, con Sergio Salati, insegnante di Rebirthing Energetico Emozionale, nonché autore del libro "Rebirthing – Il respiro Consapevole".

"Questo mio breve resoconto necessita di una doverosa premessa: ogni atto, ogni gesto, ogni pensiero, ogni attimo sono, per la nostra mente, incomprensibilmente interconnessi al tutto, alla fonte, agli altri attori che agiscono nel nostro campo di proiezione/ azione. L'incontro con Sergio ha dunque il sapore di frequenze di cura che inaspettatamente arrivano al momento giusto; e sì, il momento giusto è quando sei

pronto a beneficiare e dare senso a un'esperienza. Forse per me, così attaccata, ancorata alla mente, era l'occasione giusta per entrare nel mio corpo e iniziare a percepire sensazioni e blocchi. La pratica è inizialmente apparsa alla mia mente relativamente semplice per poi realizzare che proprio lei, la mente, in quell'ora si sarebbe dovuta ritrarre a forza per lasciare spazio a quel corpo troppo spesso non ascoltato. Il centro dell'esperienza è il Respiro: Sergio mi invita a inspirare ed espirare profondamente senza soluzione di continuità. Da brava interprete metto in pratica quanto ascoltato, ma già da subito sento un senso di lieve disagio, di impercettibile oppressione e paura: intuisco che a breve diventerò protagonista di questo viaggio nel corpo che dopo circa 20 minuti inizia a parlarmi. Un formicolio lento, ma inarrestabile si trasforma in una paralisi delle gambe, delle mani e delle braccia. Eccomi inchiodata al tappetino sul quale sono adagiata, con la sensazione di essere in un sarcofago. L'agitazione, il senso di impotenza, quella impercettibile paura iniziale diventa manifesta, deflagrante, si apre ad un pianto e ad un grido d'aiuto. Mi sento morire e inizio, completamente avvinta dalle sensazioni corporee, a riferire di essere seppellita viva sotto la coltre di terra umida e grassa, innocente e vittima di qualcosa di cui non avevo colpa . Sergio si sintonizza sulla potenza e sul dramma del momento e con fermezza e sicurezza mi invita a proseguire nel respiro profondo. Mi lamento, la mia mente fa resistenza e reputa che la causa scatenante, la tetania, non può di certo esserne la cura. Sergio insiste, è sicuro più che mai che io possa farcela e quando mi dice "Marina, non posso respirare per Te, devi farlo Tu", mi si apre un mondo e per un istante contatto la mia forma, il mio coraggio e mi spingo oltre. Inizio così a fidarmi, sempre così difficile per me, a fidarmi però di me stessa, e così respiro sempre più profondamente. È stato per me come abbattere il velo delle mie convinzioni, di quella paura di morire, di non respirare, di non controllare il corpo che da sempre mi accompagna. Riesco così gradualmente a sciogliere la paralisi e quindi il mio blocco emotivo. Continuo a piangere, ma questa volta di un pianto di liberazione, di gioia per la prova superata. Sergio riconosce il valore del mio viaggio e rinforza la ritrovata fiducia con musica e parole che risuonano nel mio cuore come spade di Luce.

Grazie Sergio e grazie a me stessa per concedermi di esplorare nuovi orizzonti del mio Cuore".

VELATURE

Punti di luce increspano memorie diamantine.
Il tempo attraversa le mie membra
le immagini proiettano antiche rovine di solitudine.
Il silenzio dissacra l'illusione
dell'improvviso volgere del karma
trasmutando l'essere in quieta presenza di fine
che trascende il mezzo

E SE PARTISSIMO DALL'ASTROLOGIA E DALLA LETTURA DEL TEMA NATALE?

Negli ultimi due secoli lo studio dell'Astrologia è stato scalzato dalle nuove discipline umane e dalla scienza, nella convinzione che la conoscenza potesse passare solo attraverso il metodo sperimentale, senza riconoscerne l'immenso potenziale simbolico ed applicativo. L'Astrologia umanistica si propone di mettere in relazione la moderna Psicologia umanistica con l'antica e sapiente Astrologia, in continuità con gli studi portati avanti da James Hillman e Joseph Campbell, e prima di loro da Carl Gustav Jung.

Come i miti, anche gli astri sono archetipi, ossia simboli interiori che riflettono modelli universali di comportamento. La lettura degli astri diventa così il dispiegamento della struttura della personalità, in cui sono riconoscibili i nostri reali potenziali. Infatti, l'enorme risorsa dell'Astrologia consiste proprio nel rendere graficamente visibili ed evidenti le varie funzioni psicologiche su una mappa, il Tema natale, che simboleggia il viaggio dell'individuo alla scoperta delle proprie risorse e quindi di sé.

Il Tema natale - L'Astrologia insegna che l'uomo non è determinato dall'alto, da un destino inesorabile, ma dal proprio mondo interno. Il Tema natale diviene allora uno strumento importantissimo nelle mani di una persona che sappia interpretare i simboli in modo corretto, qualcosa che non ci dica cosa siamo in forma cristallizzata, ma che metta in luce i potenziali di cui disponiamo, per dirigere le energie presenti al nostro interno, utilizzandole al meglio.

Esso riflette i punti dove le energie sono bloccate e dove siamo ostacolati da condizionamenti che agiscono in noi in modo automatico, senza che la persona ne abbia un controllo. Proprio in virtù di queste resistenze è importante che la persona debba consapevolmente e gradualmente acquisire coscienza di questi automatismi affinché possa portare a termine il proprio progetto evolutivo, dirigendo responsabilmente la propria vita e le proprie scelte.

Astrologia e poesia potranno dialogare grazie ad una lettura personalizzata del tuo Tema Natale di nascita in cui sono contenuti i tuoi potenziali. Attraverso percorsi mirati, di cui sono promulgatrice, potrai scoprire una narrazione della tua biografia che potrebbe sorprenderti ed aiutarti ad avere un'immagine e una conoscenza di te stesso maggiormente in linea con i tuoi potenziali e quindi con la tua più autentica identità.

NOTE SULL'AUTRICE

Marina Maghetti, scrittrice.

Nata a Como, è laureata in Filosofia presso l'Università degli Studi di Milano. Figura poliedrica, attualmente insegnante di scuola Primaria, da anni è cultrice della disciplina arte della parola.

Dopo anni di formazione presso la scuola di Lidia Fassio, Eridano School, nel 2015 consegue il diploma in Astrologia Evolutiva, diventando successivamente consulente olistico ad indirizzo astrologico.

Nel 2017 consegue il titolo di costellatrice ad approccio immaginale presso Imaginal Academy, la scuola di Psicogenealogia e Costellazioni familiari diretta da Selene Calloni Williams.

Sempre nel 2017 pubblica alcune sue poesie all'interno della collana Ispirazioni edita dalla casa editrice Pagine. Nel 2019 collabora con il Giornale di Como curando la rubrica online l'Astrologia: compagna di viaggio dei genitori alla scoperta della vera natura del loro bambino.

Nel 2023 ha pubblicato la silloge poetica dal titolo *Ani-maMente Me*, Edizioni WE presentata al Salone Internazionale del Libro di Torino.

Instancabile ricercatrice dell'anima, Marina Maghetti ritiene importante comprendere e affinare il linguaggio simbolico da diverse prospettive per addentrarsi sempre più nella conoscenza di se stessi.

È membro del Rotary E-Club of Latinoamérica, distretto 4195, nonché socio fondatore e segretario di ARIAL, Accademia Rotariana Italiana di Arti e Lettere.

Partecipa attivamente ad eventi culturali, promuovendo la diffusione dell'arte e della bellezza come strumenti di crescita personale.

INDICE